AF370798

I. I. PINETTI williéaal de merci profess
et démonstrateur de phisique, chevalier de l'ordre de St
philipe. ingenieur géographe et Conséiller des finances
de S.As. St le prince de Limbourg holstein.
né à Orbitelle                              presider de lorrain
en 1750.

# AMUSEMENS PHYSIQUES,

## ET

## DIFFÉRENTES EXPÉRIENCES

### *DIVERTISSANTES,*

*Par M. Jean-Joseph* PINETTI, *Professeur & Démonstrateur de Physique, aggrégé à plusieurs Académies, Pensionné de la Cour de Prusse, recommandé par plusieurs Rois & Princes Souverains de l'Europe, Chevalier de l'Ordre de Saint-Philippe, Ingénieur-Géographe & Conseiller des Finances de S. A. S. le Prince de Limbourg-Holstein, &c. &c.*

## TROISIEME ÉDITION,

AUGMENTÉE par l'Auteur de quelques nouvelles Expériences Physiques, & de Gravures.

Prix, 1 livre 16 sols.

## A PARIS,

Chez GATTEY, Libraire sous les arcades du Palais-Royal, Nᵒˢ 13 & 14.

1791.

*Nota.* Ceux qui voudront ſe procurer cet Ouvrage, le trouveront ſous les arcades, nᵒˢ 13-14;
& au Cirque, tous les jours de repréſentation.

Joseph Pinetti Profeſſeur
de Mathêmatique à Rome

# DISCOURS PRÉLIMINAIRE.

*Un Homme célèbre* (1) *à plus d'un titre, paroissoit avoir épuisé toutes ressources récréatives par ses connoissances profondes en Physique. L'Electricité & l'Aimant lui avoient offert nombre de spectacles surprenans, qui sembloient tenir de la magie : mais, non-moins recommandable par les qualités du cœur que par celles de l'esprit, il ne lui a point suffi d'avoir fait l'admiration & les délices de tout Paris, il a voulu mériter de sa Patrie, en consacrant ses talens & les découvertes curatives que lui a fournies l'Electricité, à soulager l'Humanité souffrante. Secondé dans ces louables & intéressantes fonctions par un fils qui réunit aux connoissances physiques une étude particuliere du corps humain, ces deux Citoyens recommandables par leur savoir & leur désintéressement, jouissent d'une réputation d'autant plus honorable, qu'elle est doublement méritée, & aussi étendue que les Sciences qu'ils cultivent.*

*Tout mon regret est de n'avoir pu trouver le moment de témoigner à ces deux Citoyens vertueux toute l'estime & la vénération qu'ils m'ont inspirées. Qu'il me soit au moins permis de leur rendre cet hommage public !*

---

(1) M. le Dru.

*Il étoit sans doute téméraire d'oser se présenter en public après l'Homme habile que je viens de citer, & principalement dans un siècle où le cercle des connoissances humaines s'étend journellement par l'étude particuliere que tout le monde fait de la Physique ; dans un moment sur-tout, où le Génie, dégagé des entraves du préjugé, a pris un essor plus hardi, où, surmontant toutes les difficultés, rien ne peut plus l'arrêter dans sa course rapide : où, après avoir sondé les abymes les plus profonds, il a osé planer dans les cieux, & plonger au fond des mers.*

*Mais je n'ai pu résister au désir ardent que j'avois de voir encore la France illustrée à jamais par sa nouvelle régénération, & de soumettre à cette nation libre quelques-uns des nouveaux résultats que j'ai obtenus par mes études : si plusieurs de mes expériences ont paru surnaturelles, ce n'a pu être sans doute qu'à quelques personnes peu versées dans la Physique, les Mathématiques, l'Optique & la Chymie.*

*Puissent celles que j'offre dans cette édition, amuser par leur simplicité, & faire connoître que ce qui paroît souvent très-merveilleux, n'est pas toujours le plus difficile à exécuter.*

# PRÉFACE.

Une des choses qui a toujours le plus
flatté mon ambition, étoit l'honneur de
représenter divers amusemens physiques
devant Leurs Majestés & toute la Fa-
mille Royale de France. Ayant été assez
heureux pour obtenir leurs suffrages, &
ceux de la Nation éclairée, devant laquelle j'ai répété ces mêmes expériences
& amusemens, il y a quelques années
dans cette Capitale, sur le Théâtre des
Menus-Plaisirs du Roi ; & depuis sur
celui des Variétés, au Palais-Royal ; je
bénissois mon destin, & chérissois les
momens que j'avois consacrés à l'étude
de la physique & des mathématiques,
qui m'avoient procuré cet avantage
précieux.

Les fausses impressions qu'on a tenté
de donner sur les moyens que j'em-
ployois pour réussir dans ces diverses
expériences, sont venus troubler mon
bonheur. Le désir d'imiter l'humanité qui
caractérise la Nation Française, m'a

fourni l'heureuse occasion de détruire ces impressions défavorables dans une des trois dernieres représentations que j'ai données, en démontrant publiquement la simplicité de mes procédés pour exécuter une de mes Expériences qui paroissoit compliquée, & pour laquelle on s'étoit imaginé que j'avois besoin d'être aidé par un Compère. Cette démonstration a suffi pour détromper les personnes qui m'honoroient de leur présence ; leurs applaudissemens multipliés m'ont été un gage bien flatteur de leur bienveillance.

Plusieurs personnes de considération ayant paru désirer que je rendisse publics quelques-uns des moyens aisés & propres à récréer une Compagnie , soit à la Ville, soit à la Campagne, je n'ai pu me refuser à les satisfaire.

Tel est le motif qui dans ce tems, me fit prendre la plume : alors obligé de partir pour l'Angleterre, où j'étois attendu, j'ai tracé à la hâte quelques procédés simples, récréatifs & faciles à employer. Comme il est très-possible que dans le nombre il s'en foit trouvé quelques-uns de connus , & peut-être même imprimés, j'ofe efpérer qu'on ne m'en faura pas mauvais gré, & que l'on ne me traitera pas de plagiaire. Etranger dans cette Ville , je ne puis connoître tout ce qui y exifte : en outre, dans un fiècle où l'étude de la Phyfique eft prefque univerfelle , il ne fera point étonnant que partie des Expériences réful-tantes de cette Science, foit connue. Deux éditions enlevées rapidement depuis mon départ de cette ville, m'ont fait prendre le parti d'ajouter quelques nouvelles Ex-périences à celle que j'ai l'honneur de préfenter aujourd'hui , & pour laquelle je réclame à l'avance l'indulgence du Public. Puiffé-je être affez heureux pour y répandre la clarté & la précifion né-ceffaires pour mettre mes Lecteurs en état d'opérer après la lecture de chaque chapitre.

Si cette troifieme édition eft accueillie favorablement du Public , ainfi que les nouvelles découvertes que je viens fou-mettre encore aux lumières des fçavans

& des curieux de cette Capitale, je m'engage, après avoir mérité de nouveau sa bienveillance, à donner une relation de mes Voyages, & à divulguer les réfultats que j'emploie pour parvenir à exécuter tout ce que l'on m'a vu faire : le révéler dans ce moment-ci , feroit nuire à ma fortune : d'ailleurs la plupart de mes expériences exigent de grandes préparations & beaucoup de méchanifmes. Pour quelques autres il faut de l'adreffe & de la fubtilité , ce que je ne fuis pas le maître de donner , & qu'il eft difficile de communiquer par écrit.

Des génies placent le buste de M. le Professeur
PINETTI dans le temple des Arts, au milieu
des instruments de Phisique et de Mathematique.

# AMUSEMENS

## PHYSIQUES,

### ET

### DIFFÉRENTES EXPÉRIENCES

### *DIVERTISSANTES.*

---

## CHAPITRE PREMIER.

*Manière de brûler un fil auquel est suspendu un anneau, sans que l'anneau tombe.*

Pour faire ce tour fort simple, il faut faire tremper pendant trois ou quatre jours quelques aiguillées de fil, dans un verre d'eau de rivière, où vous aurez fait fondre une cuillerée de sel commun ; au bout de ce temps, vous retirerez votre fil, & le ferez bien sécher. Lorsqu'il

A

s'agira de faire votre expérience devant une Compagnie, vous tirerez ce fil de votre poche; vous emprunterez à quelque Dame un anneau; vous paſſerez votre fil dedans; puis vous le ſuſpendrez ſur la flamme d'une bougie : le fil prendra feu, &, quoique brûlé, il conſervera encore aſſez de force pour ſoutenir l'anneau : il faudra ſeulement avoir ſoin que votre aiguillée de fil ne ſoit pas trop longue.

# CHAPITRE II.

### *Couleur que l'on peut faire paroître ou diſparoître par le moyen de l'air.*

PRENEZ un flacon, mettez-y de l'alkali volatil, dans lequel vous aurez fait diſſoudre de la limaille de cuivre : cela vous produira une couleur bleue. Vous préſenterezle flacon à quelqu'un à boucher, en lui faiſant quelques plaiſanteries; & au grand étonnement de la compagnie, on verra la couleur diſparoître, ſi-tôt que le flacon fera bouché : vous la ferez reparoître aifément en ôtant le bouchon , ce qui ne paroîtra pas moins furprenant.

---

## CHAPITRE III.

*Moyen de deffiner une figure difforme , qui paroîtra bien proportionnée d'un certain point de vue.*

Dessinez fur un carton blanc & mince , un deffin quelconque , & piquez-le ; placez enfuite le carton piqué fur une furface horizontale , que nous fuppofons être un autre carton. Mettez une bougie allumée derrière le carton piqué , & def-finez fur la furface horizontale les traits donnés par la lumière : cela vous fournira des traits difformes. Cette opération faite , retirez le carton piqué & la bougie ; placez enfuite votre œil où étoit la lumière , & vous verrez votre deffin reprendre une forme régulière.

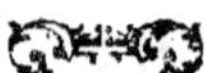

## CHAPITRE IV.

*Moyen de faire changer la couleur d'une Rose.*

IL suffit, pour parvenir à faire changer la couleur d'une rose, soit qu'elle soit sur sa tige, soit qu'elle en soit séparée, de brûler du soufre dessous la fleur ; elle deviendra blanche, & ce ne sera qu'au bout d'une couple d'heures qu'elle reprendra sa couleur primitive.

## CHAPITRE V.

*Moyen de rendre hideux les visages de la Compagnie.*

FAITES fondre du sel & du safran dans de l'esprit-de-vin ; imbibez-en un morceau d'étoupe, & mettez-y le feu. A cette lumière, les personnes blanches deviennent vertes, & l'incarnat des levres & des joues prend une couleur d'olive foncée.

# CHAPITRE VI.

*Manière de faire une gravure en relief
sur la coquille d'un œuf frais.*

VOUS choisirez un œuf dont la coquille soit un peu épaisse ; vous le la-
verez bien dans l'eau fraîche, & vous l'es-
suierez ensuite bien exactement avec un
linge : cette opération faite, vous mettrez
un peu de suif ou de graisse dans une
cuillère d'argent ; vous la présenterez
ensuite sur le feu. La graisse fondue & bien
chaude vous servira au lieu d'encre pour
tracer avec une plume taillée, mais qui
n'ait point encore servie, tel dessin qu'il
vous plaira. Votre dessin fini , vous prendrez l'œuf par les deux extrêmités entre
deux doigts , & le poserez doucement
dans un gobelet rempli de bon vinaigre
blanc ; vous l'y laisserez pendant trois heures
& demie de temps : durant cet intervalle,
l'acide du vinaigre rongera suffisament une
partie de l'épaissenr de la coquille de l'œuf,

A 3

& ne pouvant produire le même effet fur les endroits deffinés avec de la graiffe, tous les traits recouverts conferveront leur épaiffeur, & formeront le relief defiré.

On peut par ce moyen deffiner fur un œuf, les armoiries de quelqu'un, une mofaïque, un médaillon, ou enfin tel autre deffin que l'on voudra.

## CHAPITRE VII.

*Pour faire tomber une hirondelle pendant fon vol, par le moyen d'un coup de fufil, chargé avec de la poudre comme à l'ordinaire, & enfuite trouver le moyen de la rappeller à la vie.*

VOUS prendrez, pour faire cette expérience, un fufil ordinaire : vous y mettrez la charge de poudre accoutumée, en obfervant feulement de mettre enfuite, au lieu de plomb, une demi-charge de vif argent.

Vous amorcerez, pour être prêt à tirer votre coup de fufil, quand il fe préfentera une hirondelle : pour peu que vous approchiez d'elle, car il n'est pas nécessaire de la toucher, cet oiseau se trouvera étourdi & engourdi au point de tomber à terre asphyxié. Comme il doit reprendre ses sens au bout de peu de minutes, vous saisirez cet instant pour dire que vous allez lui rendre la vie, ce qui étonnera beaucoup : les Dames ne manqueront pas de s'intéresser en faveur de l'oiseau, & de demander sa liberté : vous vous ferez encore un mérite auprès d'elles, en l'accordant à leurs sollicitations.

## CHAPITRE VIII.

*Maniere de faire meugler, comme si elle étoit en vie, une tête de veau cuite, & servie sur une table.*

VOUS parviendrez à produire cet effet par un stratagême simple & innocent ; & voici en quoi il consiste.

Vous prendrez une grenouille vivante que vous placerez au fond de la tête de veau, sous la langue, que vous laisserez tomber deſſus ; vous aurez ſoin de ne mettre ainſi votre grenouille qu'à l'inſtant de ſervir.

La chaleur de la langue ne manquera pas de faire crier la grenouille, dont le croaſſement, aſſourdi dans cette tête, imitera parfaitement le meuglement du veau, comme s'il étoit vivant.

----

## CHAPITRE IX.

*Queſtion embarraſſante qu'on peut propoſer à quelqu'un à réſoudre.*

VOUS poſerez trois ſommes ſur un papier, & vous direz à la compagnie : Meſſieurs & Dames, voilà trois ſommes très-différentes l'une de l'autre, & très-diſproportionnées ; cependant je voudrois les partager entre trois perſonnes, de façon à ce qu'elles aient chacune une ſomme égale, & cela, ſans rien déranger à chacune de ces ſommes. Cela vous paroîtra très-difficile : cependant rien n'eſt ſi ſimple ; une addition ſuffira pour vous prouver que

le contingent de chacun fera le même , &
que leur partage ne les enrichira pas beaucoup : en voilà la preuve.

## EXEMPLE.

5 1 3 4 1 2 2
6 1 2 5 4
7 2 1 8

*Façon d'opérer.*

J'additionne ainfi la première de ces
fommes , & je dis : 5 & 1 font 6, & 3
font 9, & 4 font 13, & 1 , 14, & 2 font
16, & 2 font 18, ci . . . . . . . . 18 liv.

De même à la feconde : 6 & 1 font 7,
& 2 font 9 , & 5 font 14, & 4 font 18 ,
ci. . . . . . . . . . . . . . . . . . . . . 18 liv.

Puis paffant à la troifieme, je dis : 7
& 2 font 9 & 1 font 10, & 8 font 18.
ci . . . . . . . . . . . . . . . . . . . 18 liv.

Voilà donc mon partage fait , & chaque
perfonne n'aura que 18 liv ; ainfi le prouve
l'exemple ci-deffus.

Il ne s'agit donc que d'avoir attention,
en pofant les fommes, d'arranger les chiffres
de façon à ce que chaque fomme ne forme
pas plus que le nombre 18.

Vous pouvez faire cette queftion fur telle

fomme qu'il vous plaira, en obfervant, comme deffus, que le nombre des chiffres pofés n'excéde pas la fomme que vous défirez qu'il refte à chacun.

## CHAPITRE X.

*Manière de difpofer deux petites Figures, de façon que l'une éteindra une bougie, & que l'autre la rallumera.*

VOUS prendrez deux petites Figures de bois ou de terre, ou de telle autre matière que vous voudrez; vous aurez feulement attention qu'il fe trouve un petit trou à la bouche de chacune. Vous mettrez dans la bouche de l'une quelques grains de poudre, & un petit morceau de phofphore d'Angleterre dans la bouche de l'autre : vous aurez foin que ces préparations foient faites à l'avance.

Vous prendrez une bougie, que vous préfenterez à la bouche de la Figure où eft la poudre, qui, prenant feu, l'éteindra : préfentant enfuite votre bougie, dont la mêche fera encore chaude , elle fe ràllumera fur-le-champ, par le moyen du phofphore.

Vous pourrez propofer de faire produire le même effet par deux Figures deffinées fur un mur avec du charbon , en appliquant de même avec un peu d'empois, quelques grains de poudre à la bouche de l'une , & du phofphore à celle de l'autre.

## CHAPITRE XI.

*Manière de faire paffer une Carte d'une main dans une autre.*

Vous prendrez deux As, l'un de Pique, & l'autre de Cœur ; vous appliquerez fur celui de Pique un point de Cœur, & fur celui de Cœur un point de Pique : ce qui fe fera facilement par le moyen d'une carte de Cœur & d'une de Pique, que vous dédoublerez & découperez enfuite avec dextérité, pour que le point foit bien net ; vous froterez légèrement, foit avec un peu de favon, ou de pommade bien blanche, le deffous de votre Pique & de votre Cœur découpé ; vous poferez le point de Cœur fur l'As de Pique, & le point de Pique fur l'As de Cœur : vous aurez foin de les couvrir bien hermétiquement, & de faire tous ces préparatifs avant de commencer vos expériences.

Vous féparerez votre jeu de cartes en deux paquets, & vous poferez fous chaque paquet vos deux As ainfi préparés ; vous prendrez enfuite de la main droite le paquet fous lequel fera l'As de Cœur, & de la gauche, celui où fe trouvera l'As de Pique.

Vous ferez voir à toute l'affemblée que l'As de Cœur eft à droite, & l'As de Pique à gauche ; quand tout le monde en fera convaincu, vous direz : Meffieurs & Dames, je vais commander à l'As de Cœur, qui eft à droite, de paffer à gauche, & à l'As de Pique, de prendre fa place : vous pouvez même propofer de vous faire attacher les bras de droite

& de gauche, pour empêcher qu'ils ne puiffent fe joindre ni communiquer.

Tout le fecret confifte douc, lorfque vous faites votre commandement, de faire un mouvement & frapper du pied ; pendant ce mouvement & frappement de pied , vous pafferez avec dextérité le petit doigt fur chacun de vos As, pour enlever & faire tomber, fans qu'on s'en apperçoive , les points de pique & de Cœur qui y tiennent par les moyens ci-deffus indiqués ; & vous faites voir à la compagnie que les cartes ont exécuté votrè commandement, en paffant de gauche à droite & de droite à gauche, fans que vos mains fe foient communiquées.

Ce tour , fait promptement & fubtilement , paroîtra fort fingulier , quoiqu'il foit fort fimple.

# CHAPITRE XII.

*Manière de changer une Carte qui est dans la main d'une Personne, en lui recommandant de la bien couvrir.*

Vous découperez un Trois de Pique bien nettement ; cette carte étant découpée à jour, vous prendrez un As de Carreau que vous poserez sous votre Trois de Pique découpé, en observant que votre As de Carreau soit bien hermétiquement couvert par le Pique, qui se trouve au milieu du Trois découpé : vous passerez légèrement un bâton de pommade sur les endroits découpés ; puis vous verserez doucement sur cette carte de la poudre de Jayet ( * ),

---

( * ) *Façon de préparer la poudre de Jayet.*

Vous pilerez dans un mortier de cuivre votre Jayet, déja concassé avec un marteau ; quand il sera bien broyé, vous le passerez dans un tamis, après quoi il faudra encore le passer au travers d'une mousseline.

Vous mettrez dans une petite boîte cette poudre très-fine : quand vous voudrez vous en servir, qui s'attachera facilement fur les endroits enduits de pommade, & formera par ce moyen un Trois de Pique, fur ce qui auparavant étoit un As de Carreau.

Vous prendrez dans votre main un As de Carreau, derriere lequel vous poferez en fens contraire un Trois de Pique.

La Perfonne qui aura dans la main le Trois de Pique préparé, le fera voir à tout le monde; vous montrerez à votre tour l'As de Carreau, que vous tiendrez dans la vôtre, & vous direz à cette Perfonne de pofer fa carte fans-deffus-deffous fur le tapis qui couvre la table, & vous lui demanderez fi elle eft bien fûre que ce foit un Trois de Pique qui foit fous fa main. Sur fon affirmative, vous la plaifanterez,

vous en prendrez une pincée, foit avec les doigts, foit avec un peu de papier, vous la répandrez fur votre carte: elle ne s'attachera qu'aux endroits touchés par le bâton de pommade, & elle s'enlevera facilement par le frotement qui aura lieu fur le tapis, lorfque vous poufferez la main de la perfonne qui la tiendra couverte, & fans que la carte foit maculée.

& vous lui direz, en lui pouſſant la main ſous laquelle eſt ſa carte, qu'elle ſe trompe, & que c'eſt un As de Carreau qu'elle tient. Le mouvement que vous lui ferez faire, en lui pouſſant la main, fera reſter ſur le tapis la poudre de Jayet qui formoit un Trois de Pique ſur ſon As de Carreau ; & elle ſera fort étonnée de ne trouver réellement qu'un As de Carreau, tandis que vous qui ferez le tour, en retournant votre main, où l'As de Pique & le Trois de Carreau ſeront dos à dos, vous montrerez le Trois de Pique, & ferez accroire à la Compagnie que vous l'avez eſcamoté à la Perſonne ſans qu'elle s'en apperçoive.

Ce tour doit être fait leſtement, pour que l'on ne puiſſe découvrir la petite ſupercherie dont vous faites uſage.

CHAPITRE

CHAPITRE XIII.

*Pour deviner une Carte penſée par quelqu'un, en écrivant à l'avance, ſur un papier ou ſur une carte, un numéro quelconque, qui ſera certainement celui où ſe trouvera la carte penſée par la perſonne.*

TOUT l'appareil de ce tour conſiſte dans une combinaiſon mathématique, & voici comme il faudra s'y prendre pour réuſſir.

Vous prendrez un jeu de piquet, que vous préſenterez à une perſonne de la Compagnie, en lui recommandant de bien battre les cartes, & de les faire battre encore par qui bon lui ſemblera : vous les ferez couper enſuite par pluſieurs perſonnes ; puis vous propoſerez à quelqu'un de la Compagnie de prendre le jeu, de penſer une carte, de s'en reſſouvenir, ainſi que du numéro où elle ſe trouvera placée, en comptant une, deux, trois, quatre,

B

&c. jufques & y compris la carte penfée. Vous offrirez de paffer dans une autre pièce pendant que cette opération fe fera, ou bien de vous faire bander les yeux, en affurant à la Compagnie que vous annoncerez à l'avance, fi l'on fouhaite, le numéro où devra fe trouver la carte penfée.

## E X E M P L E.

Dans la fuppofition où la perfonne qui penfera la carte s'arrêtera au numéro 13, & que cette treizième carte foit une dame-de : cœur.

Suppofant encore que le nombre que vous aurez marqué à l'avance foit le numéro 24, vous rentrerez dans la Salle, fi vous en êtes forti, ou vous vous ferez ôter le mouchoir, fi l'on vous a couvert les yeux; & fans faire aucune queftion à la perfonne qui aura penfé la carte, vous demanderez feulement le jeu de cartes, fur lequel vous poferez le nez, comme pour le flairer; puis portant les mains derrière le dos avec le jeu, ou les cachant

fous la table, vous retirerez de deffous le
jeu vingt-trois cartes, c'eft-à-dire une de
moins que le nombre que vous avez tracé
à l'avance ; vous placerez ces vingt-trois
cartes fur le reftant : vous obferverez de
prendre garde d'en mettre une de plus ou
une de moins, ce qui vous empêcheroit
de réuffir.  Cela fait, vous remettrez le
jeu à la perfonne qui aura penfé la carte,
en lui recommandant de compter les cartes en prenant de deffus le jeu, à partir
du numéro de la carte penfée. Sa carte
étant treizième, il devra commencer à
compter quatorze, & vous l'arrêterez
quand il nommera vingt-trois, en l'aver-
tiffant que le numéro que vous avez
défigné eft le numéro 24, & que confé-
quemment la vingt-quatrième carte qu'il
va lever, fera la dame-de-cœur, ce qui fe
trouvera jufte.

---

# CHAPITRE XIV.

*Combinaison mathématique, pour deviner, dans un jeu entier composé de cinquante-deux cartes, combien de points porteront les cartes qui se trouveront sous chacun des paquets qui auront été faits par une personne de la Compagnie, en lui faisant observer que chaque paquet qu'elle mettra sur la table devra composer le nombre de treize, à partir du point de la première carte qu'elle levera pour composer chaque paquet.*

## EXEMPLE.

Le jeu ayant été mêlé par une ou plu-sieurs personnes, vous le ferez couper encore par qui bon vous semblera, & autant de fois qu'il vous plaira.

Puis vous chargerez une personne de l'Assemblée de composer les paquets de cartes qui tous doivent compléter le nombre de treize, en partant de la première carte qu'elle levera.

Supposons que cette première carte soit

un Neuf, la suivante comptera dix, & ainsi de suite jusqu'au nombre treize : par conséquent ce premier paquet sera composé de cinq cartes ; ci . . . . . . . 5

Si la carte qui suit est un As, l'As ne devant compter que pour un, le second paquet sera donc composé de treize cartes ; ci . . . . . . . . 13

Supposant la carte suivante commencer par une Figure ou un Dix, cartes de même valeur, pour aller jusqu'au nombre treize, ce troisième paquet devra contenir quatre cartes ; ci . 4

Si celle qui suit est un cinq, pour composer le quatrième paquet, il faudra neuf cartes ; ci . . . . . . 9

Si la carte suivante est un Sept, le cinquième paquet sera composé de sept cartes ; ci . . . . . . . 7

Si le sixième commence par une Figure il y aura quatre cartes ; ci, . . 4

Le septieme pouvant commencer par un huit, sera composé de 6 cartes ; ci . 6

Le huitième paquet ne peut avoir lieu, à moins qu'il ne commence par un Dix ou une Figure, puifqu'il ne refte que quatre cartes pour compofer le nombre total des cartes, qui eft de cinquante-deux ; ci . . . . . . . 4

T O T A L . . . . . 52

Dans la fuppofition donc où ce huitieme paquet commenceroit par un Dix ou une Figure, ce qui revient au même, il ne refteroit point de cartes, & vous auriez huit paquets.

S'il commençoit par une autre carte quelconque n'en pouvant point compofer le nombre treize, il refteroit quatre cartes, qu'il faudroit étaler fur la table, fans les découvrir.

Pour parvenir à connoître le nombre de points contenus fous chacun des paquets, foit qu'ils foient au nombre de huit, foit qu'il n'y en ait que fept, & qu'il refte quatre cartes, voici la manière d'opérer.

Sans toucher aux cartes, vous féparerez en vous-même quatre tas, & vous multiplierez tacitement par 14 les tas reftans, foit qu'ils foient au nombre de quatre, foit qu'il n'y en ait que trois.

Dans le premier cas, vous direz donc à part vous ; 4 fois 14 font 56 ; puis vous ajouterez à ce nombre de 56 un point pour chacun des paquets que vous aurez mis à part en vous-même, ce qui formera le nombre de 60. En faifant retourner les 8 paquets & faifant compter le nombre de points que portera chacune des cartes de deffous, vous devrez trouver 60, en obfervant de ne compter les As que pour 1 point, & de compter les Figures pour 10.

S'il n'y a que 7 paquets, il vous reftera 4 cartes ; vous en mettrez toujours 4 à part en vous-même, puis vous multiplierez les 3 paquets reftans, par 14 ; & vous direz tout bas : 3 fois 14 font 42, & 4, pour les 4 paquets mis à part, font 46 ; à quoi vous ajouterez pareil nombre de 4 pour les 4 cartes qui vous refteront, ce qui formera le nombre de 50. Il devra donc fe trouver fous les 7 paquets en les retournant le nombre de 50.

Si par hafard chacun des paquets commençoit par un As, ce qui pourroit arriver, il n'y auroit pour lors que 4 paquets, &

comme ce feroient les 4 As qui fe trouveroient deffous, il n'y auroit que 4 points.

S'il arrivoit encore que 3 paquets commençaffent chacun par un As, cela abforberoit 39 cartes; il feroit poffible pour lors qu'il n'y eût que 4 paquets en totalité, & qu'il reftât quelques cartes : il faudroit alors fe contenter de compter autant de points que de paquets; à quoi vous ajouteriez un point pour chacune des cartes qui vous refteroient, ce qui vous produiroit infailliblement le nombre jufte des points que porteroient les cartes qui fe trouveroient fous les 4 paquets retournées.

----

# CHAPITRE XV.

*Déterminer la penfée de quelqu'un, en l'affurant que l'on écrira d'avance fur un papier ce que comportera le tas de cartes qu'elle choifira fur les deux qu'on aura placés fur la table.*

Il faudra prendre un certain nombre de cartes, dont vous ferez deux tas, en ob fervant que dans un , il ne fe trouve que 2 ou 3 Sept, & dans l'autre 7 cartes , toutes Figures ; vous demanderez une plume & de l'encre , & vous écrirez fur un morceau de papier les 7 ; vous retournerez ce papier pour qu'on n'apperçoive pas ce que vous aurez écrit ; puis vous direz à la perfonne de faire fon choix. De telle façon qu'elle choififfe , votre numéro feta bon , puifque fi c'eft le paquet le plns gros , vous lui montrerez votre papier fur lequel eft en écrit les 7 ; vous lui recommanderez de compter le nombre de cartes contenu dans le paquet qu'elle a choifi ; elle en trouvera 7, ainfi que vous l'aurez défigné. Cela lui paroîtra étonnant, ainfi qu'à toute l'Affemblée : mais on reviendra facilement de fa furprife , quand , relevant l'autre paquet , vous ferez voir qu'il n'y a deffous que des 7 , & que par couféquent tel paquet qu'elle eût choifi , votre nombre défigné étoit bon , puifqu'un paquet contenoit 7 cartes , & l'autre tout uniment des Sept.

Ce tour ne doit pas fe recommencer

deux fois devant les mêmes perſonnes , parce qu'il deviendroit faſtidieux.

Mais en général toutes les fois que vous ferez un tour devant une Compagnie, il né faudra jamais le recommencer.

---

## CHAPITRE XVI.

*Pari ſingulier & plaiſant , au moyen duquel vous ſerez toujours ſûr de gagner.*

Vous vous adreſſerez à quelqu'un de la Compagnie, en diſant : Monſieur , ou Madame , avez-vous une montre , une bague , un étui, ou quelqu'autre bijou ? Vous commencerez par examiner l'objet qu'on vous remettra pour en eſtimer la valeur, attendu que vous devez faire votre pari beaucoup audeſſous de la valeur in-trinſéque du bijou , afin de n'être jamais la dupe.

Suppoſant que le bijou préſenté ſoit une montre , vous propoſerez un pari d'un louis , en diſant à la Perſonne : Je gage un louis que vous ne dites pas trois fois ma montre : quand la montre fera fur la table, & que votre pari fera couvert, vous demanderez à la Perfonne, en lui préfentant la montre : Qu'eft-ce que c'eft que cela ? elle ne manquera pas de dire : C'eft ma montre.

Vous lui préfenterez enfuite un autre objet, en lui faifant la même queftion ; fuppofez que l'objet préfenté foit une plume, un papier, ou tel autre objet que ce foit. Si la Perfonne nomme l'objet préfenté, elle aura perdue ; fi au contraire, fe tenant fur fes gardes, elle répond, ma montre, on lui dit alors : Monfieur, ou Madame, je vois bien que j'ai perdu, car fi vous dites encore une fois ma montre, vous aurez néceffairement gagné ; mais fi je perds, que me donnerez-vous ? La Perfonne, toujours fur le qui-vive, répondra encore ma montre : pour lors, vous en rapportant à fes paroles, vous prendrez la montre & lui laifferez l'enjeu.

# CHAPITRE XVII.

*Tour de Cartes, réuniſſant le double avantage d'être très-facile & infaillible, étant fondé ſur une petite combinaiſon numérique.*

Vous direz à une Perſonne de la Compagnie de choiſir à ſa volonté 3 cartes dans un jeu de piquet, en la prévenant que l'As vaut 11 points, les Figures 10, & les autres cartes ſelon les points qu'elles marquent.

Lorſque ſon choix ſera fait, vous lui ferez poſer ſur la table ſes 3 cartes, chacune ſéparément, en lui diſant de mettre au-deſſus de chaque tas autant qu'il faudra de points pour former le nombre de 15 ; c'eſt-à-dire, que ſi la première carte eſt un Neuf, il faudra mettre 6 cartes pardeſſus ; ſi la ſeconde eſt un Dix, 5 cartes ; & ſi la troiſième eſt un Valet, auſſi 5 cartes : voilà donc 19 cartes employées ; il en devra par conſéquent reſter 13 , que vous rede-

manderez, & faifant femblant de les examiner, vous les compterez pour vous af-
furer du nombre qui refte ; vous ajouterez mentalement 16 à ce nombre reftant,
& vous aurez 29 : nombre de points que
formeront les 3 cartes choifies, & qui fe
trouveront fous les tas.

# CHAPITRE XVIII.

## *Encres fympathiques, ou de fympathie.*

CES efpèces d'encres font très curieufes,
& peuvent fervir à une infinté de récréa-
tions phyfiques, qui furprendront ceux qui
ignoreront les procédés que l'on emploie
pour faire ces encres.

En voici une efpèce très-facile à faire :
vous prendrez une once d'eau-forte commune, que vous mêlerez aves trois onces
d'eau ordinaire ; vous vous fervirez de ce
mêlange pour écrire fur du papier qui foit
un peut fort & bien collé : cette écriture
devient abfolument invifible en fe féchant ;

& pour la faire reparoître, il ne s'agit que de mouiller le papier : en le laiſſant ſécher, elle diſparoît de nouveau. Cet effet peut ſe reproduire juſqu'a 2 ou 3 fois.

Ce procedé eſt d'autant plus facile à exécuter, qu'on a preſque toujours ſous la main les objets nèceſſaires pour ſa préparation.

Beaucoup de matières fourniſſent auſſi les moyens de faire des encres ſympatiques, telles que le Cobalt, le Biſmut, le Safre, &c. mais il faut des préparations chimiques & difficultueuſes pour les obtenir.

Les plus faciles à ſe procurer, ſont celles que nous venons d'indiquer par le mêlange de l'eau forte & de l'eau commune, par les diſſolutions de ſel & les acides, tels que le jus de citron & d'oignon : il ſuffit d'approcher ces écritures du feu pour les faire paroître ; l'air froid produit ſur elle l'effet contraire.

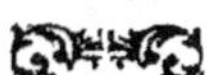

# CHAPITRE XIX.

*Manière de faire une addition avant que
les chiffres foient pofés, en connoiffant
feulement le nombre de chiffres qui compoferont chaque rangée ; & en determi-
nant le nombre des rangées ; & en ajoutant foi-même une quantité de chiffres
égale à celle qui fera pofée.*

S U P P O S E Z que la perfonne pofe 5
rangées de chiffres, chacune de 5 chiffres.

Je dis en moi-même : en pofant à l'a-
vance l'addition, 9 fois 5 font 45 ; je pofe
5 & retiens 5 : je répéte la même chofe
pour chacun des chiffres, comme s'ils va-
loient tous 9 ; ainfi pour le fecond, je dis
encore : 9 fois 5 font 45 , & 4 de retenus
font 49 ; je pofe 9 & retiens 4 : de même
au troifieme, je dis : 9 fois 5 font, 45 &
4 de retenus font 49 ; je pofe encore 9,
& retiens 4 : il en eft de même du quatrième ; je pofe le cinquième chifre, & je
pofe 9 & j'avance 4.

Ainſi mon addition faite à l'avance me produit une ſomme de 499995 : Je fais voir cette addition à tout le monde ; puis je prie quelqu'un de poſer ſur un papier cinq rangées compoſées de 5 chiffres chacune.

## E X E M P L E.

Soient les chiffres poſés comme ci-après.

29971  
14563  
76382  
37797  
80130

| | |
|---|---:|
| Vous demandez la permiſſion | |
| d'ajouter pareille quantité de | 70028 |
| chiffres ; il ne s'agit que d'a- | 85436 |
| voir attention que chacun des | 23617 |
| chiffres que vous poſerez, com- | 62202 |
| plète le nombre de 9, avec cha- | 19869 |
| cun des chiffres poſés par la per- | ——— |
| ſonne. | 499995 |

Le premier chiffre étant un 2 , vous poſerez 7 ; le ſecond étant un 9 , qui com-
plette

plette le nombre, vous mettrez un zéro ;
il en sera de même du troisième ; le quatrième étant un 7, vous poserez un 2 ; le
cinquième un 1, vous poserez 8.

La seconde rangée commençant par 1,
votre premier chiffre devra être un 8 ; le
second étant un 4, vous poserez un 5, le
troisième étant un 5, vous poserez un 4 ;
le quatrième se trouvant un 6, vous poserez un 3 ; & le cinquième étant un 3,
vous poserez un 6.

la troisième rangée commençant par un
7, vous commencerez la vôtre par un 2 ;
sous le 6 vous poserez un 3, puis un 1
sous le 8, & un 7 sous le 2.

A la quatrième rangée vous poserez un 6
sous le 3 ; un 2 sous le premier 7, & un
autre 2 sous le second 7 ; un zéro sous le
9, & un 2 sous le 7 qui termine cette
rangée.

Vous en userez de même pour la cinquième rangée, en mettant un 1 sous le
8 ; un 9 sous le zéro ; un 8 sous le 1 ; un 6
sous le 3 ; & un 9 sous le zéro.

C

Faisant enfuite additionner toutes ces
10 fommes par quelques Perfonnes de
la Compagnie , l'on trouvera que le produit total de cette addition formera la
fomme de 499,995.

Il fuffit , pour parvenir à cette com-
binaifon , de fixer le nombre de chiffres
dont fera compofée chaque rangée , &
de déterminer le nombre de rangées ;
puis de faire comme fi chaque rangée
valoit 9 , ainfi qu'il a été démontré plus
haut.

On peut encore préfenter cette addition ainfi , en difant qu'elle eft le total
de 10 rangées compofées chacune de 5
chiffres , dont cinq rangées feront pofées
par la Perfonne qui le défirera ; puis
vous multiplierez fecrettement autant de
fois 9 que l'on devra pofer de rangées
de chiffres ; vous multiplierez donc 5 fois
9 par 5, ce qui vous donnera la fomme
de 499,995.

La perfonne ayant pofé fes chiffres ,
vous ajouterez vos cinq rangées , en obfervant que chaque chiffre que vous po-

ferez forme 9 avec celui auquel il cor-
refpondra : cela fait , vons ferez faire
l'addition par qui voudra , & le produit
fera pareil à la fomme que vous aurez
marquée à l'avance.

Si l'on vouloit opérer fur d'autres nombres
que celui de 9 , il faudroit , pour y parvenir , prévenir les Perfonnes qui pofe-
roient les chiffres d'avoir attention que
leurs chiffres n'excèdent point le chiffre
convenu.

## CHAPITRE XX.

*Araignée artificielle , que l'on fait mouvoir
par le moyen de l'électricité.*

Vous prendrez un morceau de liège
brûlé , de la groffeur d'un pois vous: lui
donnerez la forme d'une araignée ; vous
ferez des pattes avec du fil de lin ; vous
mettrez un grain de plomb dans le liège
pour lui donner plus de poids ; vous fuf-
pendrez enfuite cette araignée artificielle
par un fil de foie grife , bien délié , en-

tre un corps électrifé & un corps qui ne le fera pas , ou entre deux corps doués d'électricités différentes : elle ira & viendra entre ces deux corps ; on appercevra le mouvement des pattes , comme fi c'étoit une araignée vivante.

Cette araignée artificielle , étant faite avec un peu d'art , étonnera ceux qui la verront fe mouvoir ainfi.

---

## CHAPITRE XXI.

*Moyen d'éteindre deux bougies , & d'en allumer deux autres , éloignées des premieres d'environ trois pieds , par un coup de piſtolet chargé à poudre comme à l'ordinaire.*

RIEN n'eſt plus ſimple que l'opération qui produit cet effet , qui paroît tenir du merveilleux.

Il faut , 1°. que les bougies ſoient entières & récemment éméchées.

2°. Vous mettrez au milieu de la mêche de celles qui devront s'allumer ,

& que vous partagerez , foit avec une épingle , foit avec un curedent, gros comme un grain de millet de phofphore d'Angleterre , que vous y introduirez avec la pointe d'un couteau.

Vous vous placerez enfuite à cinq ou fix pieds de diftance ; puis vous tirerez votre coup de piftolet fur les bougies allumées que la poudre éteindra , tandis qu'elle fera prendre feu au phofphore qui allumera les deux autres.

On peut de même allumer une bougie, fur la mêche de laquelle on a auffi mis du phofphore , par le moyen d'une épée que l'on aura bien fait chauffer dans une chambre voifine. Il fuffit pour cela de préfenter la pointe de l'épée à la mêche de la bougie , en lui commandant de s'allumer.

*Nota bene.* Il faut avoir attention de ne point fe fervir de fes doigts pour toucher le phofpore : on peut fe fervir de la pointe d'un couteau ou d'une petite pince. Il faut également avoir foin d'attendre que la mêche de la bougie, que vous venez d'émécher , foit refroidie avant d'y

poſer le phoſphore ; ſans quoi il s'enflam-
meroit ſur-le-champ.

---

## CHAPITRE XXII.

*Compoſition d'une liqueur rouge , imitant
la couleur du ſang.*

CETTE liqueur fournit le moyen très-
recréatif de faire connoître dans une Compagnie quelle eſt la perſonne qui a le plus
de propenſion à l'amour.

*Préparation de la liqueur.*

Vous couperez en petits copeaux très-
minces un morceau de bois de Fernambuc
que vous mettrez dans la valeur d'un
grand verre de bon vinaigre blanc ; vous
y ajouterez gros comme une noiſette d'alun
blanc ordinaire ; vous ferez bouillir , à
petit feu & pendant une demi-heure, ce
mêlange dans un petit pot de terre tout
neuf : vous aurez attention de bien remuer

cette liqueur pour l'empêcher de fortir hors du vafe pendant qu'elle bouillira.

Quand vous l'aurez retirée du feu , vous la laifferez bien refroidir ; enfuite vous la pafferez au travers d'un linge ; puis vous la verferez dans une petite fiole ou bouteille de verre blanc.

Vous ferez tous ces préparatifs à l'avance; car ces expériences ne font agréables qu'autant qu'elles fe font avec célérité.

Il vous fera néceffaire auffi d'avoir un tube de verre blanc d'environ quinze à dix-huit pouces de longueur , & dont la grof-feur excéde un peu celle d'une bougie : vous aurez foin qn'il foit fermé d'un côté.

Lorfque vous vous préfenterez devant une Compagnie pour faire cette expérience, vous aurez le tube en poche & la fiole en main, & vous direz : » Meffieurs & Dames ,
» voilà une petite bouteille qui contient
» du fang en liqueur; j'efpère , par fon
» moyen, vous faire connoître quelle eft la
» perfonne de la Compagnie la plus domi-
» née par l'amour.

» Remarquez-moi bien verfer deux
» doigts de cette liqueur dans le tube que

» voilà. Comme vous pourriez imaginer que
» cette liqueur, ainfi que celle des ther-
» momètres, peut monter en fe dilatant
» par le moyen de la chaleur, & que par
» conféquent la preffion de la main peut
» fuffire pour produire cet effet, tandis
» qu'elle peut fe condenfer en fe raréfiant
» lorfqu'elle eft expofée à une température
» froide : non, Meffieurs, cette liqueur
» différe en tout de celle des thermomètres ;
» vous pouvez facilement vous en con-
» vaincre avant que je vous faffe l'expé-
» rience que je vous ai promife ; vous pou-
» vez l'approcher de la lumière d'une bou-
» gie, & même du feu, fans qu'aucun de-
» gré de chaleur puiffe la faire monter en
» aucune façon : mais par une vertu par-
» ticulière & fympathique, vous la verrez
» bouillir quand ce tube fera touché par
» une Perfonne amoureufe.

Vous prendrez enfuite dans votre poche
un peu de potaffe, dont vous vous gar-
niffez l'intérieur de la main avec laquelle
vous tenez le tube par en haut comme
pour le fermer, & à l'inftant où la Per-

fonne, que vous voudrez faire paffer pour amoureufe, empoignera le bas du tube où eft la liqueur, vous laifferez tomber adroitement un peu de votre potaffe, & vous verrez fur-le-champ la liqueur bouillonner & monter jufqu'au haut du tube, au grand étonnement des Spectateurs.

## CHAPITRE XXIII.

*Manière d'éteindre une bougie à quatre-vingt ou cent pas de diflance, par le moyen d'un coup de fufil chargé à balle, & d'être fûr de ne point manquer fon coup, quand même on n'auroit jamais touché de fufil.*

ON peut s'amufer facilement avec cette expérience en campagne, ou même à la ville, dans un jardin un peu grand : on peut faire un défi au plus adroit tireur, & être fûr de remporter la victoire.

Vous prendrez un fufil ; vous y mettrez la charge ordinaire de poudre, & une balle de plomb. Votre adverfaire en

fera autant de fon coté ; vous le laifferez tirer le premier , pour lui voir manquer fon coup , attendu qu'il eft très-difficile à une pareille diftance d'avoir l'œil
affez jufte pour parvenir à éteindre une
bougie.

Après l'avoir badiné fur fon adreffe pré-
tendue , vous vous mettrez en devoir de
tirer votre coup ; & vous éteindrez la
bougie au grand étonnement des Spectateurs qui vous auront vu charger votre
fufil à l'ordinaire , avec poudre & balle,
mais qui ne fe feront point apperçus que
votre ballo éloit percée de part en part en
forme de croix.

Tout le merveilleux de cette expérience
confifte dans cette balle percée , où l'é-
lafticité de l'air qui la chaffe , acquiert
une force divergente en paffant par les
trous de cette balle , & lui donne les
moyens de produire cet effet furprenant.

# CHAPITRE XXIV.

*Moyen de découper sans le secours du diamant, un verre, une glace, & même un morceau de crystal, telle qu'en soit l'épaisseur, en suivant le dessin que l'on aura tracé dessus auparavant avec de l'encre.*

CE singulier procédé réunit l'utilité à l'amusement. L'on peut se trouver à la Campagne, dans un endroit où il n'y ait ni Vitrier, ni Miroitier : le moyen que nous allons indiquer, mettra à portée de se passer de leurs secours.

Vous prendrez un morceau de bois de noyer, de la grosseur d'une bougie : vous taillerez en pointe une des extrêmités : vous présenterez cette pointe au feu, & la laisserez brûler jusqu'à ce qu'elle soit en charbon ardent.

Pendant que cette petite baguette brûlera, vous tracerez sur votre glace ou sur votre crystal, avec de l'encre, le dessin dont vous voulez découper votre glace ; vous ferez enfuite, foit avec une lime, foit avec un petit morceau de glace , quelques traits à l'endroit où vous devez commencer votre feétion ; puis vous retirerez du feu votre petit morceau de bois en charbon ; vous en poferez la pointe à environ une demi-ligne de l'endroit marqué ; vous obferverez de fouffler toujours fur cette pointe pour la conferver rouge ; vous fui-vrez votre deffin tracé, en laiffant tou-jours à-peu-près une demi-ligne d'intervalle à chaque fois que vous préfenterez votre charbon fur lequel vous aurez toujours attention de fouffler.

Quand vous aurez exaétement fuivi la trace de votre deffin, vous n'aurez plus befoin pour féparer vos deux morceaux que de tirer haut & bas, & vous les verrez fe disjoindre fur-le-champ, comme feroit un morceau de papier découpé.

# CHAPITRE XXV.

*Manière de fondre un morceau d'acier comme du plomb, sans qu'il soit nécessaire que le feu soit bien ardent.*

Vous prendrez un morceau d'acier, que vous jetterez dans un creuset, en y mêlant une poignée d'antimoine en poudre si-tôt que votre creuset commencera à devenir rouge, votre morceau d'acier se fondra comme du plomb.

Vous le verserez dans un vase de terre ou dans une lingotière, pour faire voir à la Compagnie que votre opération a réussi, ainsi que vous l'aviez annoncé.

*Autre moyen de fondre l'acier, &*
*de le voir se liquéfier.*

Vous ferez bien rougir au feu un autre morceau d'acier : vous le prendrez ensuite, soit avec une pince, soit avec une tenaille ; puis vous prendrez dans l'autre main un morceau de soufre en bâton que vous présenterez à votre acier rougi : sitôt qu'ils se toucheront, vous verrez votre acier couler comme une liqueur.

# CHAPITRE XXVI.

*Moyen d'unir la cire & l'eau (parties ab-
folument contraires l'une à l'autre) ; cette
réunion faite dans la vingtieme partie
d'une minute, forme une pommade propre
à décraffer la peau, & à la rendre douce
& blanche.*

POUR parvenir à faire ce procédé, utile
pour diverfes chofes, vous mettrez dans
un pot de terre verniffé, & tout neuf, fix
onces d'eau de riviere ou de fontaine,
pour deux onces de bonne cire-vierge
bien blanche; vous y ajouterez enfuite
une bonne pincée de fel de tartre. Si vous
voulez cacher votre façon d'opérer, rien
de plus aifé : faites un petit rouleau de
cire, dans lequel vous inférerez votre
pincée de fel de tartre : vous poferez
ce mêlange fur le feu : quand il commencera à chauffer, vous aurez foin de
remuer avec un petit bâton, & vous
verrez la réunion fe faire à mefure que

la cire fe fondra ; vous ferez alors maître de rendre la pommade qui en réfultera plus ou moins liquide, en la laiffant plus ou moins de temps fur le feu.

Cette pommade fera blanche comme la neige, & fera un fort bon Cofmétique.

* * *

## CHAPITRE XXVII.

*Moyens pour cacheter une lettre que l'on ne pourra décacheter, en variant le cachet d'autant de couleurs que vous aurez de cires différentes.*

SUPPOSEZ que vous défiriez que votre cachet foit de quatre couleurs, & que le cartouche de l'écuffon foit jaune, ainfi que la couronne ; que l'intérieur de l'écuffon foit rouge ; que le fond du cachet foit vert ; & que les fupports, s'il y en a, foient noirs.

Vous ferez pour lors autant d'empreintes différentes de votre cachet que vous aurez d'efpèces différentes de cire à employer, en obfervant de faire toutes ces empreintes fur un papier très-mince : cela fait, vous prendrez des cifeaux, & vous découperez fur chaque empreinte chacun des objets qu'il y aura à varier; c'eft-à-dire, vous commencerez par couper le fond de l'écuffon ; puis avec un pcu de falive que vous mettrez derriere, vous le placerez fur votre cachet à la place qui le repréfente ; vous en ferez de même pour le cartouche de l'écuffon, ainfi que pour les fupports; & quand le tout fera bien arrangé, vous prendrez la cire verte qui doit faire le fond de votre cachet; vous la ferez fondre comme pour en cacheter votre lettre à l'ordinaire; puis pofant deffus votre cachet, où font placés dans le creux les différens objets qui doivent varier votre cachet, chacun de ces objets fe trouvera placé naturellement, & vous formera un cachet de quatre couleurs.

Si quelqu'un vouloit décacheter cette lettre en faifant chauffer la cire, ces

cires,

cires, en fondant, annonceroient par leurs mélanges les tentatives faites pour y parvenir.

---

# CHAPITRE XXVIII.

*Manière de faire une belle cire bleue, qu'on ne peut se procurer que difficilement.*

VOUS prendrez une once de bleu de montagne ou de cendres bleues, une once de maſtic fin, un cinquieme d'once de véritable térébenthine de Veniſe ; vous aurez une eſpèce de petite caſſerole de fer, bien propre, & faite de façon qu'il y ait un bec : vous y mettrez d'abord le maſtic que vous ferez fondre ſur le charbon, en prenant garde qu'il ne brûle ; vous mêlerez enſuite votre térébenthine avec ce maſtic : cette mixtion faite, vous retirerez votre vaſe de deſſus le feu pour y mettre la cendre bleue ; vous remuerez le tout avec un petit bâton ; vous aurez attention, en mettant

D

votre cendre bleue, que la mixtion ne foit pas trop chaude, lorfque cela fera tout-à-fait refroidi, vous prendrez deux morceaux de verre que vous mouillerez avec de l'eau; puis vous verferez deffus cette compofition pour la rouler en bâton fous vos doigts, que vous aurez foin de mouiller.

Pour donner enfuite à cette cire le poli néceffaire, vous pafferez les bâtons fur la flamme d'efprit-de-vin que vous allumerez à cet effet.

# CHAPITRE XXIX.

## *Champignon Philofophique.*

Parmi les phénomènes furprenans & nombreux, réfultans des divers procédés chymiques, un des plus curieux fans doute eft celui de l'inflammation des huiles effentielles par le mélange de l'acide nitreux. Il eft en effet étonnant de voir une liqueur froide prendre feu lorſque l'on verſe deſſus une autre liqueur froide : tel eſt le procédé par le moyen duquel on parvient à former en trois minutes le Champignon, nommé Champignon Philoſophique.

Il faut, pour faire cette opération ſingulière & récréative, ſe ſervir d'un verre à patte un peu grand, & dont la baſe ſe termine en pointe.

Vous mettrez dans votre verre une once d'eſprit de nitre bien raréfié ; puis vous verſerez deſſus une once d'huile eſſentielle de Gayac. Ce mélange produira une fermentation très-conſidérable, accompagnée de fumée, du milieu de laquelle les ſpectateurs verront s'élever, dans l'eſpace de trois minutes, un corps ſpongieux, tout-à-fait ſemblable au champignon ordinaire.

Cette ſubſtance ſpongieuſe, formée des parties graſſes & huileuſes du bois de Gayac, étant ſoulevée par l'air, s'enveloppe d'une couche très - mince de la matière dont eſt compoſée l'huile de Gayac.

# CHAPITRE XXX.

*Maniere de faire changer de main un anneau, & de le faire venir sur tel doigt que l'on voudra de la main opposée, en se faisant tenir les bras par quelqu'un, pour empécher qu'ils ne se communiquent.*

Vous demanderez à une personne de la compagnie un anneau d'or ; vous lui recommanderez en même-temps d'y faire une marque pour le reconnoître.

Vous aurez soin d'avoir de votre côté un anneau d'or, que vous attacherez par le moyen d'une petite corde à boyau à un petit tambour de montre, que vous ferez coudre dans la manche de votre habit, du côté gauche.

Vous prendrez de la main droite l'anneau qu'on vous presentera ; puis prenant avec dextérité à l'entrée de votre manche, l'autre anneau attaché au barillet, vous le tirez jusqu'au bout des doigts de votre main

gauche, fans qu'on s'en apperçoive : pendant cette opération, vous cacherez entre
vos doigts de la main droite l'anneau que
l'on vous aura donné, & le poferez adroitement fur un petit crochet attaché fur votre vefte près de la hanche, & caché par
votre habit ; vous montrerez enfuite l'anneau que vous tiendrez de la main gauche ; puis vous demanderez à la compagnie, à quel doigt de l'autre main l'on défire qu'il paffe. Pendant cet intervalle, &
auffi-tôt la reponfe faite, vous mettrez le
doigt indiqué fur votre petit crochet afin
d'y placer l'anneau ; dans le même inftant
vous lâcherez l'autre anneau, en ouvrant
les doigts : le reffort qui eft dans le barillet n'étant plus contraint, fe contractera &
fera rentrer l'anneau fous la manche, fans
que perfonne le voie, pas même ceux qui
vous tiennent les bras, qui n'ayant attention qu'à empêcher vos mains de fe communiquer, vous laifferont faire les mouvemens qui vous feront néceffaires. Ces
mouvemens devront être précipités, &
toujours accompagnés d'un frappement de
pied.                              D 3

Après cette opération, vous ferez voir à l'Affemblée que l'anneau eft venu fur l'autre main ; vous ferez remarquer auffi que c'eft bien le même que l'on vous a donné, & où la marque faite doit fe trouver.

Il faut employer beaucoup de célérité & d'adreffe pour réuffir dans ce tour récréatif, afin que l'on ne puiffe foupçonner votre fupercherie.

---

# CHAPITRE XXXI.

*Deviner à l'odorat quel aura été le chiffre rayé par une Perfonne de la Compagnie, dans le produit d'une multiplication qu'on lui aura donné à faire.*

Vous propoferez à une Perfonne de la Compagnie de multiplier, par tel nombre qu'il lui plaira, une des trois fommes que vous lui donnerez fur un papier ; vous lui direz de rayer tel chiffre qu'elle voudra dans le produit que lui fournira fa multiplication, & en la laiffant maîtreffe d'arranger à fa fantaifie les chiffres ref-tants de ce produit, après la défalcation du chiffre rayé.

Pendant que la Perfonne fait fon calcul & les opérations qui fuivent, vous vous en irez dans une autre pièce ; lorfqu'on vous ira prévenir que vous pouvez rentrer dans la Salle, vous prierez la Perfonne de vous donner, fur un petit papier ou fur une carte, la fomme reftante ; vous porterez ce papier ou cette carte fous votre nez, comme pour le flairer, & vous lui direz enfuite, au grand étonnement de la Compagnie, quel chiffre elle a rayé.

Voici la manière de faire cette opéra-tion.

D'abord vous obferverez que les chiffres qui compoferont chacune des trois fommes que vous propoferez de multiplier, n'excè-dent pas le nombre de 18.

## EXEMPLE.

Soient les trois fommes propofées, celles ci-après.

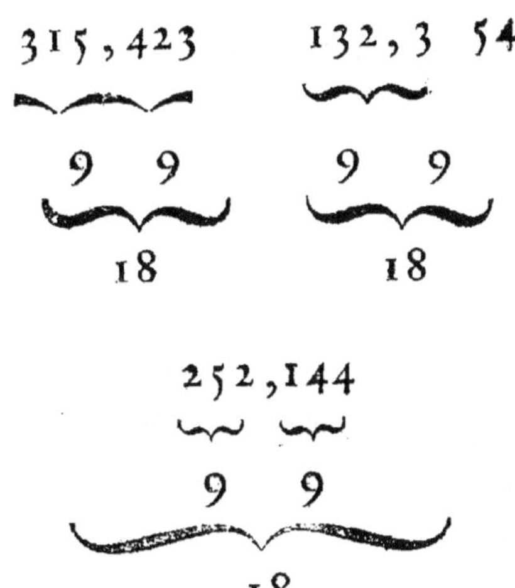

En fuppofant que la fomme choifie,
pour être multipliée, foit celle
de . . . .                         132, 354
Et que le multiplicateur foit...        7

Le produit fera de . . . . . 926, 478

Suppofez encore que le chiffre que l'on
aura envie de rayer, foit le 6, les chiffres
reftant formeront un total de 92, 478.

Comme vous laifferez la Perfonne
maîtreffe d'en arranger les chiffres dans tel
ordre qu'elle voudra.

Suppofé encore qu'elle les arrange ainfi,

fur le petit papier qu'elle vous donnera :

79, 482.

Lorfque vous ferez femblant de flairer le papier, vous compterez mentalement les chiffres que l'on vous préfentera, afin d'en compofer des 9 ; & vous direz en vous-même : 7 & 2 font 9 ; puis 9 ; enfuite, 8 & 4 font 12 ; dans 12 il y a 9, & il refte 3 pour en compofer le nombre 9 : il vous manquera un 6, qui eft & doit être le chiffre rayé. Ce calcul doit fe faire précipitamment & pendant que l'on promène le papier fous le nez, fous prétexte de le flairer.

Il eft encore une façon de parvenir à deviner le chiffre retranché, en laiffant les Perfonnes maîtreffes de pofer ellesmêmes les fommes à multiplier : mais il faudra en même-temps les prier de vous montrer la fomme qu'elles auront à multiplier : & leur demander de vous permettre d'y ajouter tel chiffre qu'il vous plaira.

Pour lors, en promenant vos yeux fur la fomme pofée, vous verrez facilement quel chiffre vous aurez à pofer pour  completter le nombre de 9.

## EXEMPLE.

Dans la fuppofition où la fomme pofée feroit celle ci-après :

$$789 \, , \; 788.$$

Vous additionnerez ainfi mentalement, & vous direz : 7 & 8 font 15 , & 9 , 24 ; & 7 , 31 ; & 8 , 39 ; & 8 encore , 47 : dans 47 , il y a cinq fois 9 ; neuf fois , 5 , font 45 : il vous refte 2 , pour completter le nombre de 9 ; ce fera un 7 que vous aurez à ajouter.

Par conféquent , la fomme à multiplier fera de 7 , 897 , 887.

Vous remettrez cette fomme augmentée d'un 7 à la Perfonne qui vous l'aura préfentée , vouz lui direz de choifir tel multiplicateur qu'elle voudra ; vous vous retirerez  pendant qu'elle opérera , en lui recommandant de rayer également le chiffre qu'il lui plaira , & de pofer fur un petit papier la fomme reftante : ce chiffre

défalqué & d'en arranger les chiffres
comme bon lui femblera : pour deviner
ledit chiffre rayé , vous vous y prendrez
comme il a été démontré pour la première
façon d'opérer , & en faifant les mèmes
lazzis.

## CHAPITRE XXXII.

*Moyen de faire fauter à volonté & dehors*
*du gobelet , un des trois canifs que l'on*
*y pofera.*

IL faut prendre un gobelet d'argent ,
parce que fon opacité cachera le moyen
que vous employerez pour faire fauter ce
canif au defir de l'Affemblée.

Ce moyen confifte en un petit reffort d'un
pouce de large , fur deux pouces un quart
de long.

Vous aurez foin d'affujettir ce reffort
à l'avance avec un petit morceau de fucre , qui , fe trouvant comprimé entre les
deux parties du reffort, l'empêchera de fe
détendre.

Vous demanderez enfuite à la compagnie, en lui montrant vos trois canifs, dont les manches devront être de couleurs différentes, quel eft celui que l'on défire faire fortir hors du gobelet.

Vous mettrez enfuite vos trois canifs dans le gobelet, en obfervant de pofer la pointe du manche de celui défigné dans un petit trou rond, qui fe trouve fur la partie fupérieure du reffort arrêté par le morceau de fucre : & avant de retirer votre main du gobelet, dans le fond duquel il devra y avoir quelques gouttes d'eau, vous en prendrez un peu avec le bout du doigt, & la poferez adroitement fur le fucre, qui, venant à fe fondre, donnera la liberté au reffort de fe détendre & de faire fauter le canif.

Pendant que le fucre fe fondra, vous vous tiendrez éloigné du gobelet, & vous appellerez le canif, en lui commandant de fauter hors du vafe ; ce qu'il exécutera au grand étonnement des Spectateurs.

Cependant, rien de fi fimple que le

moyen qui fait réuſſir cette expérience,
pour laquelle il n'eſt nullement beſoin de
Compère.

---

*Moyen de faire ſauter à volonté, & dehors*
*des gobelets, deux des canifs déſignés,*
*en offrant à une perſonne de la com-*
*pagnie, de faire partir l'une ou l'autre le*
*premier à ſon commandement.*

POUR parvenir à faire ce tour qui a de
la reſſemblance avec le précédent, vous
aurez ſoin d'avoir deux gobelets d'argent
(1), & de placer dans le fond de chacun
un petit reſſort pareil à celui indiqué dans
le Chapitre XXXII. Vous les aſſujettirez
par le même moyen, & vous poſerez
deſſus vos canifs. Vous prendrez enſuite
deux petites phioles ou vaſes pleins d'eau,

---

(1) Ou deux gobelets de cryſtal, autour desquels on colle du papier pour empêcher qu'on
ne voie les reſſorts.

en obfervant de faire mettre dans l'une de l'eau froide , & de la chaude dans l'autre , & cela fans qu'on s'en apperçoive ; puis en préfence de l'affemblée , vous ferez voir vos deux phioles , en difant : Meffieurs, par la vertu de quelques gouttes de cette liqueur que je vais verfer également , & en même-tems dans ces deux gobelets ; & au moyen de quelques paroles , quoique cette liqueur foit la même , le canif que vous défirez faire partir le premier , obéira à votre commandement.

Vous aurez attention pour lors de verfer l'eau tiede fur le canif défigné. La chaleur de l'eau procurant plus de facilité à la diffolution du fucre qui affujettit le reffort , produira l'effet defiré.

# CHAPITRE XXXIV.

*Procédé chimique , par le moyen duquel vous pourrez , non seulement changer la couleur du plumage d'un oiseau , soit Serin , Tourterelle ou Pigeon blanc , mais même en varier les nuances. Vous pourrez également produire le même effet sur une Rose blanche ou toute autre fleur.*

POUR opérer cette métamorphose singuliere & récréative, il faudra avoir des bocaux ou vases de verre, qui aient des petits rebords près de leur ouverture. Ces vases devront être de grandeur suffisante , pour y contenir suspendu l'oiseau que vous y voudrez mettre. Vous devrez aussi vous précautionner de bouchons de liége d'un diametre égal à l'ouverture de vos vases. Pour faire cette expérience sur un oiseau quelconque, il faudra commencer par faire au milieu de ces bouchons un trou suffisant

pour contenir le col de l'oifeau fans l'étran-
gler : cette opération faite, vous diviferez
en deux parties égales le diametre de votre
bouchon, ce qui vous facilitera le moyen
d'y placer le col de l'oifeau fans le bleffer.
Les deux parties rapprochées, vous mettrez dans le fond de votre vafe une once
de chaux vive, & par deffus deux gros de
fel ammoniac. Quand vous appercevrez
que l'effervefcence commencera à avoir
lieu, vous poferez promptement deffus le
bouchon où eft adapté le col de l'oifeau,
dont le plumage du corps, expofé à la
vapeur de cette effervefcence, s'impré-
gnera des différentes couleurs produits par
cette combinafon. Vous retirerez le bouchon
& l'oifeau fitot que vous vous appercevrez
que fon plumage fera chargé de diverfes
nuances, & deux ou trois minutes fuffi-
ront pour produire cet effet. Vous courrez
rifque d'étouffer votre oifeau fi vous le
laiffiez trop long-temps expofé à cette
vapeur.

En faifant cette expérience fur une
fleur, il vous fuffira de faire dans un

bouchon

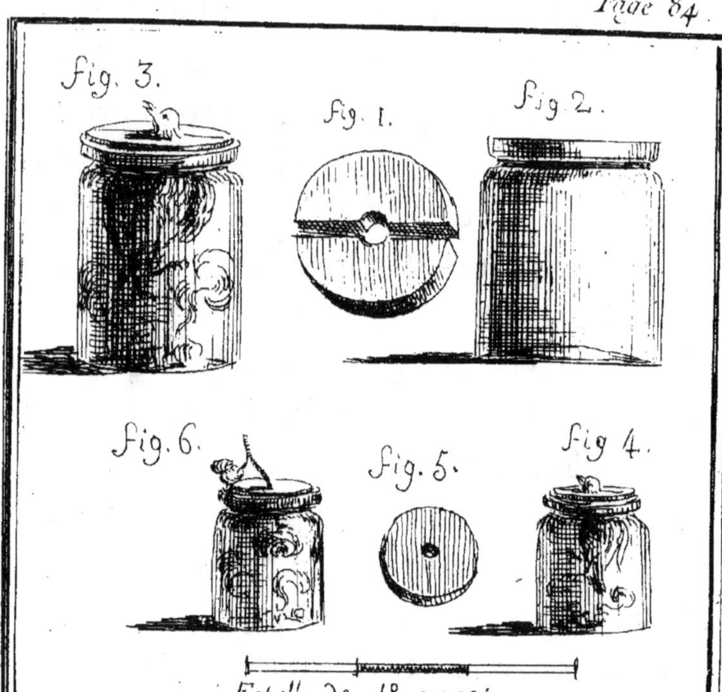



Fig. 1. Bouchon coupé en 2 dans son diametre pour y placer le cou de l'oiseau. — Fig. 2. Bocal de Verre dont l'Etranglement produit un rebord en dedans propre à recevoir le bouchon — Fig. 3. Meme bocal avec un Pigeon dedans dont la tête est retenue par le bouchon.
Fig. 4. Bocal plus petit pour y placer un Serin.
Fig. 5. Bouchon qui n'a besoin que d'un trou dans le milieu pour y passer la queue de la fleur.
Fig. 6. Bocal avec la fleur dedans et la queue en dehors

L. P. Thierry Sculpsit 1785.

bouchon un trou fuffifant pour y paffer la queue en dehors, ce qui vous fervira à la foutenir en l'air pendant l'opération : le même effet aura lieu en pareil temps.

---

# CHAPITRE XXXV.

*Maniere d'enlever la chemife à quelqu'un fans le déshabiller, & fans avoir befoin de compere.*

CE tour n'exige que de l'adreffe, & cependant lorfque je l'ai exécuté fur le théatre des Menus-Plaifirs, tout le monde a été perfuadé que la personnes à qui j'avois ôté la chemife, étoit d'intelligence avec moi.

Voici le moyen de faire ce tour ; il faut feulement obferver que la perfonne à qui l'on ôtera la chemife, foit habilliée largement.

Vous ferez ôter fimplement le col de mouffeline, puis déboutonner la chemife :

E

enfuite ôter les boutons de manches , &
attacherez un petit cordon à une des bou-
tonnieres de la manche gauche ; enfuite,
paffant la main dans le dos de la perfonne , vous tirerez la chemife de la culotte,
& vous lui ferez paffer enfuite pardeffus
la tête ; puis , la tirant également parde-
vant , vous la laifferez fur l'eftomac ;
vous pafferez enfuite à la main droite ,
vous tirerez cette manche en avant , de
façon à en faire fortir le bras : la chemife
fe trouvant alors en tapon , tant dans la
manche droite que fur le devant de l'eftomac , vous faites ufage du petit cordon
que vous avez attaché à la boutonniere
de la manche gauche , pour ratraper la
manche qui doit être remontée , & pour
tirer la totalité de ce côté.

Quand vous voudrez cacher votre façon
d'opérer à la Perfonne à qui vous enle-
verez la chemife , & à l'Affemblée, vous
lui mettrez un mantelet fur la tête, dont
vous tiendrez un bout entre les dents.
Pour être plus à votre aife, vous monte-
rez fur une chaife, & ferez tout votre

manège fous le mantelet. Tel eft le moyen dont je me fuis fervi en faifant ce tour publiquement.

---

## CHAPITRE XXXVI.

*Procédé fort fimple pour rendre la vie à une Mouche qui aura été noyée dans l'eau ou dans le vin, & qui fera morte depuis vingt-quatre heures.*

IL faut tirer cette Mouche de l'eau ou de telle autre liqueur où elle aura été noyée, avec une cuiller : puis vous l'expoferez au foleil du côté où il eft le plus ardent ; vous la couvrirez enfuite de fel commun égrugé. A peine y aura-t-elle été trois ou quatre minutes que vous la verrez fe remuer, puis fe fecouer, & enfin prendre fon vol.

## CHAPITRE XXXVII.

*Tableau Magique par le moyen duquel vous ferez paroître ou disparoître à volonté un portrait ou tel autre objet qui y sera représenté.*

PRENEZ deux verres blancs bien unis & d'égale grandeur, puis vous en joindrez les extrémités avec du maſtic blanc dont on ſe ſert pour raccommoder la porcelaine, en obſervant de laiſſer à-peu-près trois lignes d'intervalle entre les deux verres. Vous en boucherez bien hermétiquement les trois côtés, & ne laiſſerez au quatrième qu'une ouverture ſuffiſante pour verſer la mixtion ſuivante dans l'intervalle qui ſépare vos verres.

Votre mixtion devra être compoſée de ſuif bien blanc & de blanc de baleine que vous ferez fondre enſemble. Pendant ce tems vous approcherez vos deux verres du feu pour les accoutumer à en ſupporter la chaleur. Lorſque votre mixtion ſera bien

liquéfiée à petit feu ; car fi vous la laiffiez
bouillir , cela la feroit jaunir : vous la
verferez doucement entre vos deux verres
par le moyen d'un petit entonnoir , en obfervant toutefois qu'elle ne foit point affez
chaude pour faire caffer vos verres. Vous
aurez attention de laiffer refroidir de tems
en tems la liqueur verfée , afin d'être fûr
qu'elle ne laiffe aucun vide. Quand vous
aurez la certitude qu'il n'en exifte point ,
vous continuerez à verfer jufqu'à ce que
tout foit plein : cette opération finie , vous
fermerez avec du maftic le trou par où
vous avez verfé ; vos verres refroidis formeront une efpece de marbre blanc , dans
lequel le fperma cæti, ou blanc de baleine,
formera des veines d'une teinte différente
du fuif. Vous colerez enfuite ou appliquerez derriere cette efpece de marbre une
toile ou papier de même grandeur, où fera
peints, foit un portrait , foit payfage, ma-
rine ou fleurs. Puis vous encadrerez le
tout d'une bordure. Perfonne ne fe doutera
qu'il y ait quelque chofe derriere , à caufe
de l'opacité caufée par la mixtion refroidie

qui occupe l'intervalle de vos deux verres.
Mais vous furprendrez agréablement les
Spectateurs, lorfqu'en approchant ce marbre du feu, la mixtion redevenant tranfpa-
rente, leur laiffera appercevoir la peinture placée derriere, comme s'il n'y avoit
qu'un verre deffus. Cette expérience amu-
fante peut fe faire de même fur une taba-
tiere, même fur une bague, ainfi que fur
ces petites tables où l'on fert du café le
matin, ou quelque autre breuvage chaud.
La chaleur des objets pofés deffus feroit paroître le morceau de peinture qui feroit
deffous.

On peut par le même moyen faire diverfes plaifanteries fort récréatives.

# CHAPITRE XXXVIII.

*Tour curieux & étonnant, consistant à brûler un Oiseau, le reduire en cendre, & ensuite le faire reparoître sur une feuille de papier, que la Compagnie pourra fournir.*

POUR faire cette expérience, l'on devra se procurer plusieurs Oiseaux morts, tels qu'Alouette, Serin ou autre Oiseau. Il faudra aussi avoir de la limaille de de fer très-fine, & faire faire par un Serrurier intelligent une plaque d'acier bien poli & trempé, ayant la forme d'un Oiseau mort, les aîles étendues & le col allongé, ainsi que les pattes. Cette plaque ainsi découpée, vous la ferez bien aimanter de tous les côtés. Il faudra avoir une table de bois ordinaire, dont le milieu soit disposé de façon à recevoir la plaque de fer découpé, qui ne devra nullement excéder, & se trouver bien à fleur du bois. Vous couvrirez cette

Table d'un tapis de mousseline de couleur
obscure. Votre Table ainsi préparée à
l'avance, vous apporterez dessus vos
Oiseaux morts, dans le corps desquels
vous aurez eu soin d'introduire 5 à 6
bonnes pincées de limaille de fer, con-
tenue dans un petit linge bien cousu, &
formant une espèce de petite boule.

En offrant ces Oiseaux à la vue des
spectateurs, vous leur proposerez de choisir
celui qui leur conviendra. Vous le prendrez
& le mettrez dans une petite écuelle ou
poële de fer, & l'exposerez sur un feu
très-ardent, jusqu'a ce qu'il soit réduit
tout-à-fait en cendres. Cette opération
faite, vous prendrez cette cendre, & la
mettrez dans un mortier pour la pulvé-
riser.

Vous demanderez ensuite une feuille de
papier, où vous en prendrez une vous-
même, en observant de la faire voir à
la Compagnie avant de vous en servir :
vous poserez cette feuille sur la partie de
la Table où vous savez qu'est placé votre
Oiseau d'acier : puis versant votre cendre

doucement fur un petit Tamis, & le fecouant modérément, elle tombera fur la
feuille de papier, ayant foin de fouffler
fur la cendre pendant cette opération,
elle s'envolera, & la limaille s'attachant
fur le papier, rendra la forme de
l'Oifeau d'acier aimanté qui fe trouvera
directement deffous, au grand étonnement des fpectateurs.

## CHAPITRE XXXIX.

*Procédé par le moyen duquel on pourra
fe laver les mains dans du plomb fondu,
fans fe brûler.*

PRENEZ de bon vinaigre blanc, mettez
dedans de la colle de poiffon & un peu
d'alumen : faites bouillir le tout enfemble,
comme fi vous vouliez faire du chocolat.
Quand cette mixtion fera refroidie vous
vous en frotterez bien les mains : cette
cérémonie faite, vous pourrez les mettre
hardiment dans le plomb fondu & bouil-

lant fans éprouver aucun mal ni accident.

En ajoutant au mélange ci-deffus du favon noir ou vert & liquide, & s'en frottant les pieds & les mains, on pourra empoigner une barre de fer rougie au feu, ou marcher deffus pieds nuds, fans courir rifque de fe brûler.

---

## CHAPITRE XL.

*Moyen pour écrire fur un Miroir fans que cela paroiffe : l'on pourra même faire effuyer le Miroir par telle Perfonne qui le voudra, & enfuite faire comparoître l'écriture au commandement.*

Prenez une demi - livre de craie ou blanc d'Efpagne : ajoutez y autant de favon blanc de Venife, puis deux blancs d'œufs & de l'eau-de-vie en quantité fuffifante pour faire du tout une pâte. Vous formerez avec cette pâte des bâtons dans le genre de ceux de cire d'Efpagne, ces bâtons, en féchant, acquerront affez de dureté pour pouvoir être taillés comme des crayons. Vous vous en fervirez alors pour tracer fur un Miroir quelconque , foit un chiffre, foit le nom d'une Perfonne , ou enfin tout ce que vous voudrez. Vous aurez attention , en traçant , d'appuyer fortement le crayon fur le Miroir. Vous laifferez bien fécher ce que vous aurez écrit ou deffiné ; il feroit même effentiel pour réuffir parfaitement, que cela fût fait 24 heures à l'avance ; alors vous pourrez effacer vos traits avec un mouchoir , & mouiller même avec un peu de falive, pour enlever les taches s'il y en a , & rendre par ce moyen le Miroir auffi clair que s'il étoit neuf, & que l'on ne puiffe y appercevoir rien du tout de ce que vous aurez tracé.

Pour faire reparoître ce que vous aurez annoncé à la Compagnie & à fon commandement , il vous fuffira d'approcher votre haleine du Miroir en foufflant deffus. Auffi - tot, à la grande furprife de tout le monde, fe diftingueront les caracteres que vous y aurez deffinés.

# CHAPITRE XLI.

*Moyen d'escamoter un œuf sous un go-
belet, & de faire paroître en son lieu
une piece d'argent quelconque.*

Il paroîtra bien étonnant à une Compagnie que vous chercherez à amuser, de
voir un œuf sur une table, de le voir couvrir
avec un gobelet, d'avoir bien la certitude qu'il existe dessous, & de voir disparoître cet œuf subitement, & de trouver en son lieu & place, une piece de
monnoie quelconque, & le tout en faisant
la frime de retirer l'œuf par-dessous la
table. On s'imaginera que la table est préparée, & que c'est par le moyen d'une
bascule, placée dans cette table, que
vous opérerez. Vous proposerez pour lors
d'employer la premiere table qu'on voudra vous donner. Ce tour, fort amusant,
& qui paroît extraordinaire, n'a rien que
de fort simple. Il ne s'agit que d'avoir assez
de dextérité pour éviter que la Compagnie

ne s'apperçoive de la forme intérieure de votre gobelet de fer-blanc , car c'eſt ce gobelet ſeul qui fait tout le ſortilege.

Il faudra avoir un Gobelet frabriqué de la forme ſuivante. Vous aurez ſoin que vers le haut du Gobelet, à un demi-pouce du bord, ſe trouve une eſpéce de rang de perles qui en paroiſſant n'exiſter que pour enjoliver le Gobelet , ſervira à cacher un petit bouton de pareille forme de perles du pourtour , et qui, ſe trouvant confondu avec elles, ne ſera connu que de vous. Pour être bien ſûr de la trouver facilement , & opérer leſtement , vous aurez ſoin de recommander au ferblantier de le placer directement ſur la ſuture de la ſoudure du Gobelet. En poſant l'ongle d'un de vos doigts ſur ce petit bouton, il pouſſera un petit reſſort qui appuyant par ſa partie inférieure ſur une eſpéce de crochet retenu par une petite lame de fer-blanc, l'ouvrira, et fera partir *ſubito* une petite trape de même métal, qui ferme le Gobelet dans ſon milieu ; à cette trape ſe trouve adapté une

autre lame de fer-blanc recourbé qui ra-
maffant l'œuf, le tiendra embraffé, de
façon à ce qu'il ne puiffe mouvoir, ni
se caffer. Cette petite trape, lorfqu'elle
eft fermée, contraint un petit reffort d'a-
cier qui, à l'inftant où le crochet s'ou-
vre, ne fe trouvant plus comprimé, fait
tomber en même-tems la piece de monnoie que l'on avoit enfermé dedans; mais
il faut de l'adreffe pour faire ce tour,
amuser par des lazzis, faire un peu de
bruit, & frapper du pied, pour empêcher que l'on n'entende le mouvement
que peut faire la piece de monnoie en
agitant le Gobelet, & le bruit occa-
fionné par la détente du reffort.

# CHAPITRE XLII.

*Expérience chimique , par le moyen de laquelle on rend un flacon de cryſtal lumineux , au point de pouvoir diſtinguer dans la plus grande obſcurité quelqu'objet que ce ſoit.*

IL faut prendre un flacon plat de cryſtal , d'environ ſix pouces de long , dont le col ſoit bien hermétiquement fermé par un bouchon de même matiere. Vous verſerez dedans , la hauteur de deux pouces de bonne huile quinteeſſinciée de gérofle , puis un petit morceau de bon phoſphore , de la groſſeur d'un petit pois. Après l'avoir bien bouché , vous l'approcherez du feu , ayant ſoin de tourner le flacon dans votre main. Quand vous ſentirez que le cryſtal commencera à s'échauffer un peu , vous ſecouerez la liqueur de temps en temps , & la chaufferez alternativemeut , juſqu'à ce que vous vous apperceviez que le phoſphore ſoit entré en diſſolution , alors vous

le laifferez bien bouché pendant une jour-
née. Le lendemain, lorfque vous vous
trouverez dans la plus grande obfcurité,
il vous fuffira de fecouer un peu votre
flacon, puis de le déboucher & le rebou-
cher deux ou trois fois de fuite, jufqu'à ce que l'air y ait pénétré ; enfuite
de quoi, cela vous produira une lumière
auffi éclatante que la lune, & au moyen
de laquelle vous diftinguerez tous les
objets qui vous environneront, & vous
pourrez voir facilement l'heure marquée
par votre montre.

Comme cette lumière ne dure pas long-
temps, vous la reproduirez de nouveau,
en fecouant le flacon, & le débouchant
& le rebouchant comme auparavant.

CHAPITRE

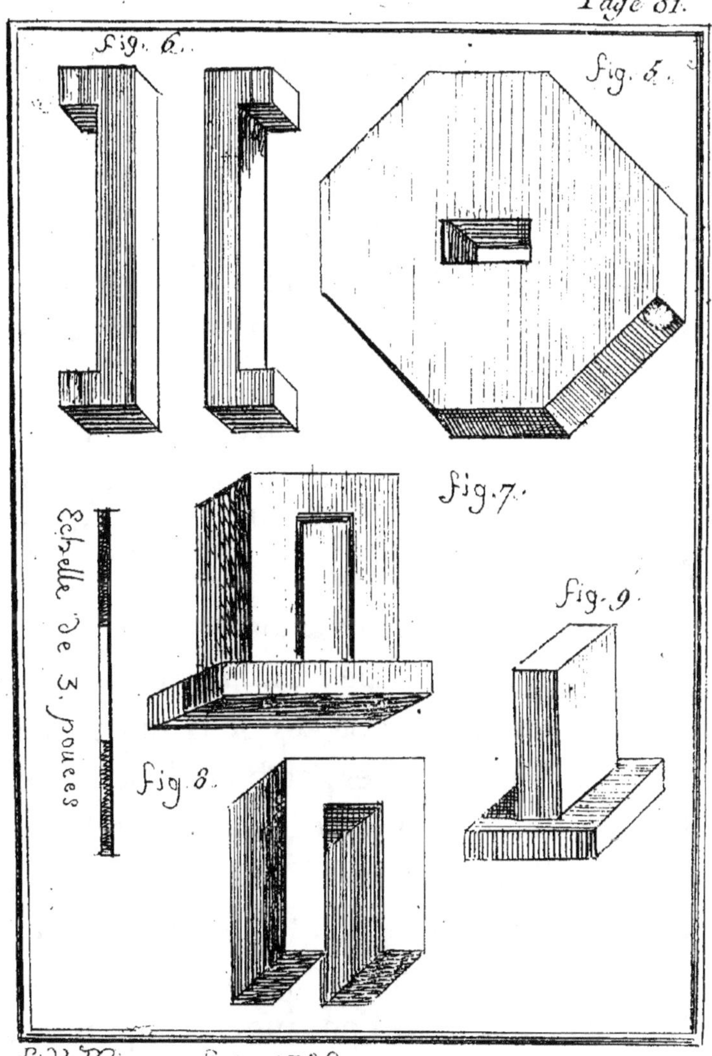


L.V. Thiery Sculp. 1785.

# CHAPITRE XLIII.

*Moyen fort simple de faire une chose qui paroît physiquement impossible.*

PRENEZ uue petite plaque de chêne, de rosier ou de toute autre espèce de bois dur ; que cette plaque ait trois pouces en quarré, sur six lignes d'épaisseur ; faites faire dans le milieu, un trou de six pouces de long sur six lignes de largeur, & qui soit bien régulier. Voyez planche seconde, *figure* 5.

Ayez ensuite deux morceaux de bois pareils, pour la forme, à la *finure sixieme.*

Vous aurez soin que ces deux morceaux soient en bois de noyer, ou bois blanc. L'extrêmité de chacun de ces morceaux étant d'un calibre égal au diamettre du trou de la figure cinquieme. Vous proposerez à la compagnie de les y faire entrer tous les deux : ce que l'on jugera impossible.

Voici le moyen d'y parvenir. Vous vous précautionnerez d'une petite machine pareille à la figure septieme.          F

Cette machine devra être en fer, & proprement limée, & fera compofée de deux pièces féparées, ainfi qu'elles font repréfentées dans les figures 8 & 9.

Vous placerez dans la piece défignée 8 l'extrêmité d'un des morceaux de bois, *figure* 6. Puis vous poferez deffus la piece, *figure* 9. Vous mettrez enfuite le tout dans une preffe que vous ferrerez jufqu'à ce que la partie la plus large de ce morceau foit devenue parallele à la plus étroite : ce que vous obtiendrez, foit par l'effet de la preffe, foit en frappant à coups de marteau fur le morceau de fer qui devra le tenir en preffion.

Le bois de noyer & le bois blanc ayant la propriété de fe contracter ainfi par le moyen d'une forte preffion & de reprendre fa premiere forme quand on le laiffe tremper dans l'eau.

Ce morceau fe trouvant donc réduit à la moitié du diamettre du trou fait dans le morceau de bois de chêne ou autre, *figure* 5 ; & faifant la même opération au fecond morceau, les deux enfemble ne préfenteront plus qu'une furface égale au diamettre du trou , & y pafferont facilement : faites enfuite tremper le tout dans l'eau , vos deux morceaux fe dilateront en peu de temps , au point de reprendre leur premiere forme ; & dans cet état , il paroîtra de toute impoffibilité phyfique qu'on ait pu les faire entrer tous deux dans un trou, dont un feul occuperoit le diamettre.

*L'on trouvera de ces Gobelets tout faits chez le Sieur ROUGEOLE , Ferblantier au Louvre, fous la voûte neuve. On trouvera chez le même differents objets concernant ledit ouvrage.*

# F I N.

# TABLE DES CHAPITRES.

Fin de la Table des Chapitres.

De l'Imprimerie de VEZARD & LE NORMANT, 1791.